Friedrich von Trenck

Letzte Unterredung Friedrichs des Großen in der Todesstunde mit Pater Pavian

Einem Franziskaner Guardian.Ein Traumgesicht, worin man die Stufen des Menschen Verstandes vom Leibnitz bis zum Affen abmessen kann

Friedrich von Trenck

Letzte Unterredung Friedrichs des Großen in der Todesstunde mit Pater Pavian
Einem Franziskaner Guardian.Ein Traumgesicht, worin man die Stufen des Menschen Verstandes vom Leibnitz bis zum Affen abmessen kann

ISBN/EAN: 9783743300651

Hergestellt in Europa, USA, Kanada, Australien, Japan

Cover: Foto ©Lupo / pixelio.de

Manufactured and distributed by brebook publishing software (www.brebook.com)

Friedrich von Trenck

Letzte Unterredung Friedrichs des Großen in der Todesstunde mit Pater Pavian

Letzte Unterredung
Friedrichs des Großen
in der Todesstunde

mit

Pater Pavian,
einem Franciskaner-Guardian.

Ein Traumgesicht,

worinnen man die Stufen des Menschen-
Verstandes vom Leibnitz bis zum Affen
abmessen kann.

Von

Friedrich Frhh. von der Trenck.

---

1 7 8 7.

Vorbericht.

Ich war in Potsdam; sahe, im tiefsinnigen Schauder von Ehrfurcht gerührt, die Gruft des großen Friedrichs, der mich unglücklich, aber auch klüger machte. Meine Feder ist zu ohnmächtig, um das zu schildern, was eine erhabene Seele bey dem Grabe eines wirklich großen Mannes empfinden kann: wann sie fähig ist, aufbrausende Leidenschaften da im Zügel zu halten, wo der Weise die Ohnmacht seines todten Feindes ohne Vorurtheil betrachtet.

Nie hätte ich geglaubt, Friedrichs Urne noch wirklich in Potsdam zu sehen, und sogar bey derselben männliche Schwermuthsthränen zu vergießen. Wer meine Geschichte gelesen hat, der urtheile, aus welcher Quelle sie hervorbrachen.

Ich habe ohne Rache gesiegt; denn ein lebendiger Hund ist mächtiger, als ein todter Löwe. Gerührt... mit Zufriedenheit begeistert, und mit gefühlvollen Betrachtungen beschäftigt, schlich ich von dieser stillen Wohnung ruhiger Todten in meine Kammer. Hier ergriff ich von verschiedenen Gefühlquellen zugleich berauscht, die Feder, und wollte aufbrausende Gedanken trocken niederschreiben. Ich schrieb Anmerkungen über Friedrichs Lebensgeschichte, zum Beytrag seiner angekündigten sämmtlichen Schriften.... Die Vernunft, die Vaterpflicht, auch vielleicht noch der Keim einer reinen Vaterlandsliebe, vielleicht aber allein

allein Klugheit und Verbindung meiner perſönlichen Lage im noch verwebten Schickſale, hielt mich aber zurück. Ich ſchrieb... und zerriß das Produkt eines empörten Gefühls... riß mich vom Tiefſinnigen und Schmerzerregenden los, und fiel auf ſatyriſche Gedanken... Hier floß der ſtrömende Stoff ſtürmend in die Feder. Ich ſchrieb dieſen Contraſt zwiſchen einen ächten Weltweiſen und einen dummen Franciskanermönch nieder; und nun werden meine Leſer lachen, die mich bey etwanigem Ausbruche des im erſten Feuer entworfenen Gegenſtandes entweder getadelt oder bedauert hätten, weil man verwegenen Wahrheitsſchreibern gerne auf die Finger klopft, und die meinigen bereits von Gichtſchmerzen gefoltert werden, folglich wenig mehr erdulden können, und Heilungspflaſter bedürfen. In dieſem er-

erdichteten Gespräche kämpft die höchst möglichste Franciskaner-Dummheit gegen Grundsätze des scharfsichtigsten Weltweisen. Der Ausschlag ist leicht zu entscheiden, und wird eben so regelmäßig erwiesen, als die gewöhnlichen Controvers-Predigten, wo der Redner allezeit nur so lange Recht behält, als kein Zuhörer mit dem Widerspruch aufzutreten wagen darf... Gefällt diese Art zu schreiben? so werde ichs am Abgange dieses Versuchs bemerken, und alle Monate etwas dieser Art nach Berlin schicken, welches ich in wenig Tagen mit gefühlvollem Herzen verlassen muß.

Ein Gespräch im Reich der Lebendigen,

eben

so wahrscheinlich, als die gewöhnlichen Gespräche im Reiche der Todten.

Ridendo doceo.

Pater Pavian, ein Franciskaner, tritt in des Königs Cabinet, in seiner lächerlichen Mönchskutte gekleidet, mit raubbegierig funkelndem Mönchsauge, dicken herunterhangenden Lefzen, aufgeblasenen Posaunenengelbacken, Schaufelähnlichen, vom Kopfe wegfallenden Ohren, in einer um den stinkenden Schmerbauch von Schweiß triefenden Kutte; mit Amuletten, Scapulier, Rosenkranz und Reliquien um den Strickgürtel behängt; einen Weyhbrunnkessel in der einen, und eine brennende Kerze in der andern Hand haltend...

In dieser Gestalt nähert er sich, dem noch im Todeskampfe lächelnden Monarchen, der sich sogar in diesem entscheidenden Augenblicke noch mit einem Gauckelspiele belustigen wollte. Der König betrachtet ihn mit sterbenden, aber noch im Tode selbst tod- und schreckdrohenden Augen, und fragt...

Was will er? Wer ist er? Was bedeutet diese Masquerade?

Pavian. Ich bin ein Seraphin *). Ich will Ew. Majestät Seele; und meine Masquerade gleicht der seraphinischen vollkommen, die Ew. Majestät bald im reinsten Glanze, um den Thron unsers Weltvaters und Erz = Patriarchen, des überheiligen Franciscus erblicken, bewundern und umarmen werden....

König. So werd ich denn in den Himmel kommen, Herr Pater?

p.

*) Es ist bekannt, daß die Franciskaner sich Seraphinen nennen. Der Orden heißt: Ordo Seraphicus, weil sie wegen ihrer Reinlichkeit diesen Posten auf Erden zu verdienen, wie im Himmel zu behaupten glauben.

P. Deßwegen bin ich hier, um Eure Majestät den Weg zu zeigen: deßwegen bin ich durch geheime Offenbahrung, vom Geiste Gottes und des heiligen Vaters Franciscus hieher getrieben, um bey Ew Majestät ein Wunderwerk zu vollziehen. Ich will Ew. Majestät von dem verfluchten Lutherthume bekehren... Ich bin der Mann Gottes, der heilige Prophet Habacuf, welcher Ihnen das Seelengemüse in der Schüßel des allein seligmachenden Glaubens, so wie dem Daniel in der Löwengrube, mit geweyhten Priesterhänden zubringt, und mit seraphinischer honigfließender Stimme, zum Genuße derselben bewegen wird. Hier trag ich heimlich diese Seelenspeise, den lebendigen Gott unter meiner Kutte verborgen, den ich erst seit wenig Minuten aus Mehl und Wasser vom Becker backen ließ, und ihm durch meine Priestergewalt, die Verwandlung in Fleisch und Blut zu wege brachte. Hier, Monarch, ist der Gott in Brodsgestalt, den Sie genießen sollen....

Nur hurtig mit der Beichte heraus! damit ich Sie von allen Sünden, und wären sie auch noch größer, als sie jemals das ganze menschliche Geschlecht, inclusive Adam, Judas, Luther und Calvin begehen konnten, begangen haben, oder immer begehen konnten, rein abwaschen und durch meinen Priestersegen absolviren könne. Nur geschwinde, Herr König! hier sind Sie nur ein armer Sünder; werfen Sie sich ohne Complimente vor meine Füße. Hier bin Ich Monarch: bey mir ist mehr als Throngewalt, Ich kann Ihnen den Himmel aufschließen.. Ich kann Ihnen einen ewig dauerhaften Thron mit dem Zeitlichen verwechseln, dessen Nichtigkeit und Unwerth sie jetzt nur gar zu wohl erkennen, empfinden und entbehren. . . . Nur entschlossen! nur kurz gemacht! wir haben keine Zeit zu verlieren . . . . was glauben denn Ew. Majestät?

K. Der König lächelt . . , bewundert, das vor ihm stehende menschliche Ungeheuer und antwortet:

Mein

Mein lieber Pater Pavian! bis dato frug mir noch niemand was ich glaube, seit dem ich König bin.

Ich glaube aber, daß ich den gesunden Menschenverstand allein deßwegen erhielt, um das vorläufig zu prüfen, was ich glauben soll. Mein Verstand war allezeit arbeitsam: und der Müssigang, die Trägheit, gewiß nie meine Lieblingsneigung. Ich habe Denken und Prüfen gelernt, folglich konnte ich nie ohne Untersuchung, ohne Wahrscheinlichkeit, nach Ueberzeugung glauben, was mir ein andrer sagt. Ihr Apostel Paulus sagt ja selbst.... Der Glaube ist nicht jedermanns Ding, er ist nur das Geschäfte der Einfältigen. Mich aber hat man Gottlob niemals unter die Dumköpfe zu rechnen Ursach gehabt, folglich hab ich geprüft, untersucht, die Wahrheit entdeckt, und.... nicht geglaubt.

P. O Himmel! o heiliger Franciscus! was muß ich hören? ich habe zwar nie in meinem Leben die Bibel gelesen, weiß also nicht, was Palus gesagt hat. Unser Pater Guardian verboth uns allen das Bibellesen als eine Todsünde. Wir hatten des Paters Cochem Legende: dieses ist unser Evangelium, und wer kann an alle dem nur im mindesten zweifeln, was ein so heiliger Mann uns geschrieben und mit honigfliessender Beredsamkeit von dem, was er bey seinen Entzückungen mit lebhaften Augen gesehen, uns offenbaret hat. Ew. Majestät hätten sonst kein ander Buch als dieses lesen sollen, so wären Sie nie in den vermaledeyten Unglauben verfallen, und der leidige Teufel hätte niemals Schlupfwinkel finden können, in Ihr Herz zu schleichen noch Ihre Seele zu vergiften. Er allein hat Ihnen das unselige verfluchte Denken eingeflößt; er hat Sie verleitet, Ihren Verstand zu brauchen. Wie bequem, wie heilig hätten Sie Ihre Lebenszeit genossen, wenn Sie eben so wie alle fromme Christkatholische Könige, nie selbst so mühsam gedacht, und Ihrem Beicht-

vater

vater die Sorge überlaſſen hätten, für Sie zu denken und zu handeln.

K. Schön geſagt, Herr Pater. War ich aber nicht als König verpflichtet, für das Wohl meiner Unterthanen zu denken, zu arbeiten, zu wachen?

P. Gott behüte! welche unnütze Sorge! Ew. Majeſtät dachten leider nur an das Zeitliche, und was iſt alle zeitliche Glückſeligkeit gegen die Freudenvolle Ewigkeit? Je mehr der Unterthan gequält wird, je weniger Gerechtigkeit er hier auf Erden findet, deſto mehr Einfluß haben wir Prieſter auf ſeine beängſtigte Seele, deſto eifriger ſtrebt er nach den Himmel, und kauft Abläſſe, um dort zu finden, was er hier nicht hoffen noch erhalten kann. Wir Prieſter haben dieſen Auftrag von Gott ſelbſt erhalten: die Könige ſind nur unſre Werkzeuge, da, wo wir ihre Hülfe und zeitliche Macht brauchen, um Unterthanen mit Blut und Schwerdt zum Glauben zu zwingen. Der Statthalter Chriſti allein hat dieſe Sorge über ſich ge-

nom-

nommen, denen Monarchen zu gebieten, was sie thun und glauben sollen. Ein König hat weder Recht noch Erlaubniß, sich in das Seelenheil seiner Unterthanen zu mischen, und ist dieses in unsern Händen, glaubt das Volk, und muß es einmal alles glauben, was wir ihnen zu glauben gebieten, dann ist es ganz gleichgültig wie es ihnen auf Erden geht: Sie hätten sich weniger darum bekümmern sollen. Denken Sie nach! wenn die Brandenburger Soldaten nicht um Dero irrdische Staaten, sondern für den allein seligmachenden Glauben gefochten hätten, was würden Sie nicht durch Ketzerblutbade für eine hohe Staffel im Himmel verdient haben. Ich bin gewiß, Sie säßen noch heute am Fußschemmel des heiligen Seraphinen-Vaters, mit seinem heiligen Ordenbande belohnt, mitten unter den heiligen Franciskanern ... und wissen Ew. Majestät wohl, daß dieser große Vater bey Gott so viel vermag, als ein kluger Staatsminister auf Erden bey einem kurzsichtigen Könige? er führt

die

die Gerechtigkeitsschale in seiner Hand, und lenkt Gnade und Grimm, wohin er will. O irrig geführter Herr! Sie hätten wie Sardanapal, wie Calligula und Commodus, wie der heilige Ludewig ihr Leben für sich allein geniessen können, wenn Sie nicht von der unseligen, unzeitigen Sorge für die Wohlfahrt Ihrer Knechte wären herum gepeitscht worden. Genug, Sie waren einmal König, aber eben deswegen, weil Sie Ihre Krone ohne päbstliche Einsetzung erhalten, war auch dieselbe nur usurpirt und ungültig; deßhalb allein ließ Gott dem Teufel die Gewalt, Sie in tausend unnütze zeitliche Sorge, Arbeit und sogenannte Menschenpflicht zu verwickeln; er verursachte Ihnen Regentenscrupel, und eben hiedurch hat er den grösten Theil ihrer verketzerten Unterthanen hinterlistig weggeschnapt; ja gar Ihnen selbst hat er die glühenden Krallen schon an die Gurgel gesetzt. Hätten Sie Ihre Soldaten nur gegen Ungläubige mit dem wahren Bekehrungsgeiste angeführt,

Sie

Sie hießen jetzt ein Held wie Cortez, Pizaro, Bernard und Ludewig, und Ihre Sieger wären alle im Himmel, für vergossenes Ketzerblut belohnt, wenn sie gleich in Todsünden gelebt hätten, und als Schurken gestorben wären; dagegen haben sie wider die heilige Kirche, folglich wieder Gott und seinen Statthalter gefochten, und sind auch deshalb allein von und rechtswegen, alle ohne Barmherzigkeit durch Dero Schuld verdammt; wie werden Sie nicht von ihn ausgehunzt werden, was wird das für ein schrecklich Spectafel seyn, wenn Millionen Preussen auf ihren Friedrich in der Hölle fluchen und lästern werden.

K. Ich werde mitten unter ihnen seyn; denn ich war allezeit gern unter tapfern ehrlichen Leuten, die mich liebten, weil ich sie anzuführen und ihr Vertrauen zu gewinnen wußte.

P. So fürchten Sie sich dann auch sogar nicht vor der Hölle?

K.

K. Nein, Pater, besonders wann die Erfüllung Königlicher Pflichten Ursache wäre, daß ich verdammt würde.

P. Hätten Sie die elenden Menschen, für die Sie so besorgt schienen, alle in Hunger und Kummer verschmachten lassen; hätten Sie wie Nero und Amurath unter ihnen gewütet, dann hätte sich Ihre Seele nach eignem Gefallen auch lasterhaft vergnügen, und dennoch allein durch meine Absolution selig sterben können.

Alles hängt davon ab, wie man im letzten Lebens-Augenblicke denkt und glaubt: Gott der Herr, auch besonders der heilige Franciscus, als Patron aller Müßiggänger und frommen Bösewichte, hat mehr Freude an einem Sünder, der Buße thut, als an 99 Gerechten, die der Buße nicht bedürfen. Es ist also besser, weit besser nach seinen Lüsten leben und gar keine Menschenpflicht erfüllen, als ängstlich für Ehre, Tugend und Seligkeit sorgen.

Die Kirche hat einen unerschöpflichen Schatz von guten Werken heiliger Männer gesammelt. Aus diesen hab ich Gewalt, einen beliebigen Vorrath zu nehmen, und alle Sünden des größten Bösewichts noch in articulo mortis rein abzuwaschen. Ich nehme auch gar keinen Anstand Ew. Maj. sogleich von aller Ungerechtigkeit, von allen Makeln der Seelen zu absolviren, wann Sie mir nur sagen wollen, (ob Sie es gleich im Herzen nicht gläuben) daß Sie Reue und Leid empfinden, und in die Bruderschaft und Offiliation des heiligen Franciscus aufgenommen zu werden wünschen... Frisch! nur kurz entschloßen! Ich zieh Ihnen gleich meine Kutte an... und falß Sie dann auch der Tod überrascht, ehe Sie mir beichten können, so ist Ihre Seele schon gerettet; denn wo diese glänzt, da darf kein Teufel in die Nähe tretten. Sagen Sie mir auch nur, daß Sie in dieselbe eingekleidet zu werden wünschen.. Auch dieses ist schon genug, Ihre arme Seele zu retten. Die Privilegia, welche unser Welt-Erlöser,

dem

dem Welt-Heilande, unserm Vater Franciscus, mündlich gab, und schriftlich besiegelte, sind im aller ausgedehntesten Verstande für unser heiliges Ordenskleid anzuwenden. Sogar ein Mensch, der im Vatermorde stirbt, ist sicher im Himmel, wann er nur im letzten Hauche wünscht, in unsre Kutte begraben zu werden. Sogar den Schatten derselben fliehet der Satan, und Pater Kochem hat in der ganzen Hölle nicht eine gefunden.

K. Das sind wirklich große Privilegia, Hr. Pater: und schlechte Zeugnisse von der Gerechtigkeit des Weltvaters. Hat aber auch dieser ehrwürdige Papa alles bestätigt, was der gutherzige Sohn seinem Lieblinge Franz so unbedachtsam versprochen hat?

P. Drey sind die da zeugen im Himmel. Der Vater, der Sohn, und der Geist: und diese Drey sind Eins, folglich sagen Drey eben das, was Einer gesagt hat.

K. Dieses läuft gerade gegen meine arithmetischen Grundsätze. Ich habe das Ge-

gentheil gelernt, daß drey nicht eins und eins nicht drey seyn könne.

P. Eben das ist das große uns vertraute Geheimniß. Deßhalb müssen wir glauben und nicht denken.

K. Also auch nicht zählen, Hr. Pater? Ich glaubte allezeit, daß drey Millionen Thaler mehr sind, als eine Million, und da, wo eine Million wirklich ist, kann ich nie zwey Millionen auszahlen, und eine über behalten.

P. Wir wollen uns hierinn nicht aufhalten. Genug, daß drey Elemente zusammengesetzt, doch nur einen Körper bilden können, weiter ist uns nicht erlaubt, in Wahrheiten zu forschen, die eben deßhalb, weil sie unbegreiflich sind, nur so geglaubt werden müssen, wie wir haben wollen, daß sie geglaubt werden sollen. Deßhalb hab ich Ihnen ja auch schon gesagt, daß Denken die größte Sünde ist, die ein vernünftig Geschöpf begehen kann. Die Vernunft muß unter dem Gehorsam des Glaubens gefangen gehalten wer-

werden, sonst wird man sicher ein Ketzer: und die heilige Kirche verdammt alle Ketzer.

K. Was ist dann im wesentlichen Verstande die Kirche.

P. Die Kirche ist Gott: und Gott ist die Kirche.

K. Und wie dieser Contrast?

P. Gott hatte von Anbeginn eine Kirche, und Moses war ihr Statthalter, er fand seinen ersten Entwurf nicht wohl überdacht, und machte einen neuen Plan. Der Pabst wurde Statthalter Gottes auf Erden... Er schuf neue Patriarchen. Ignatz, Franciscus, Dominicus, Bernhardus, erschienen im vollen Glanz.... Ihre Ordensbrüder erhielten den heiligen Geist, den ihm die heil. Apostel mit allen Privilegien hinterließen. Diese zusammen hielten Concilia, entschieden Göttersprüche, und das, was sie beschloßen, heißt Kirche, oder vielmehr Gottes Geboth. Was nun diese Kirche zu lehren beschloßen hat, das müßen wir glauben, auch mit unser Blut besiegeln. Auch alles das ermorden, verabscheuen, und zur Höllen verdammen, was sich erfrecht an dem zu zweifeln, was Gott selbst durch seine Kirche zu glauben befohlen hat.

K. Schön gesagt: gründlich erwiesen, herrlich für den Menschenverstand argumentirt, Herr Pater, Sie werden mich gewiß überzeugen... Aber sagen Sie mir, lehrt die Kirche in Siam, in Pecking, in Constantinopel, nicht eben das? Und sind nicht alle Traditionsbeweise aus ganz ähnlichen Gründen hergeleitet?

P. Wir kommen zu weit in unnütz Geschwätz. Ew. Maj. haben keine Zeit mehr übrig; Sie werden schon am verfluchten Voltaire, Leibniz, Metrie, und ihres gleichen sehen, wohin sie ihr spitzfindiger Eigendünkel verleitet hat, und ihren Unsinn beweinen... Wir wollen in unsern Glaubensbekenntniße fortfahren, um geschwinde fertig zu werden. Was glauben denn Ew. Maj. vom Pabst?

K.

K. Ich glaube, daß er vor etlichen Jahren ein Hauptmeisterstück der römischen Staatsklugheit ausgeführet hat, da er in der Residenz des Kaisers zu Wien vom Balkon des Kriegskollegii, unter Abfeurung der Kanonen, und mit seiner dreyfachen Krone wirklich gekrönt, öffentlich dem Volke seinen Segen gab; da er die Großen des Reichs vor sich auf Knieen sahe, und in der Hauptkirche seinen Thron auf dem Hochaltar setzte. Mehr hat noch kein Papst in dem Lande eines Monarchen gethan, noch zu thun Erlaubniß erhalten. Ich glaube also, daß der gegenwärtige vom wahren heiligen Geiste regieret wird, weil er ihm den Gedanken einflößte, nach Deutschland zu reisen, wovon man die Folgen bald empfinden wird.

P. Was glauben Ew. Majestät von den zehn Geboten Gottes?

K. Die Erfüllung des ersten und andern war mir eben so gleichgültig, als sie dem großen Weltvater seyn muß, der wirklich keinen Namen hat, und dem es ohnfehlbar gleichgültig seyn muß, ob er in verschiedenen Sprachen und Begriffen, Sichut, Jupiter, Jehovah, Astharoth, Apis, Zebaoth, Fitzlipuzli oder Molech genannt wird.

Das dritte Geboth welches Müßiggänger priviligirt, war für meine entvölkerten Staaten nicht vortheilhaft. Im Preußischen kalten und regnerischen Klima verdirbt ein müßiger Feyertag oft ganze Felder zur Zeit der Erndte. Arbeiten war bey mir niemals Sünde, und nach verrichteter Arbeit konnten meine Unterthanen ruhiger beten. Auf das vierte Geboth hielt ich sehr strenge, weil in demselben die wahre Quelle aller Subordinationsvortheile steckt... Vor das fünfte hatte ich Galgen und Räder, um Verbrechen zu strafen, auch gute Grundsätze in meinen Erziehungsanstalten, für Menschenliebe und Patriotismus. Den römischen Ablaßhandel entfernte ich aus meinen Staaten; ich bildete gute Bürger, und keine privilegirten Mörder. Deshalb hatten die Mönche keinen Einfluß auf meine Pflanzschulen: und das Negotium

mit

mit guten und bösen Werken im Stichhandel, fand keinen festen Fuß zu Monopolien. Was ich übrigens selbst getödet habe, geschahe entweder aus Klugheit oder Kriegsraison, und beyde vergleichen sich recht gut unter dem Schutze monarchischer Rechte, mit dem buchstäblichen Gebote. Die Unglücklichen, welche das Loos als Staatsopfer traf, habe ich nicht selbst getödtet. Meine Schuld war es nicht, wenn ihr Gliederbau oder ihre Seele zu schwach war, um ihre Gefängnißfoltern zu ertragen. Es war also ihre Schuld wenn sie zu früh starben.

Das sechste Geboth überließ ich dem menschlichem Gefühl und Verstande, einem jeden nach seinem Geschmacke. Auch Cardinäle hätten Zeitvertreib in Potsdam gefunden. Gegen Ausschweifungen wachte die Policey: die Ehebrecherinnen ließ ich aber nicht steinigen, und die Ehebrecher behielten ihre Köpfe.

Das siebente Geboth wurde genau beobachtet; aber keiner wurde gehenkt, den man nicht

nicht erhaschen und überzeugen konnte. Man beschuldigt mich zwar selbst, ich hätte falsche Münze geschlagen. Aber dieses war Ephraims und nicht meine Sache. Ich mußte connivendo zusehen, und wenn aus diesem kleinen Uebel die Erhaltung meiner Staaten erfolgt ist, so blieb ich allezeit in refervatione mentali allen Schaden meiner Unterthanen zu ersetzen, so bald ich könnte. Nun sind sie im Durchschnitte gewiß alle reicher und glücklicher als vor 40 Jahren, folglich bin ich gerechtfertigt. Uebrigens befahl ja Gott selbst seinen Israeliten die Aegipter zu bestehlen; und was ich meinen Feinden nahm, das heißt im militairischen Wörterbuche nicht rauben, sondern Beute machen, und Contribution ausschreiben.

Das achte Gebpth ist in London, Wien, Rom, und besonders im ganzen Pabstthum nothwendig, wo man Ehre und Tugend entbehren kann. Meine Pommern und Brandenburger sind ehrliche Leute, und wer in Preußen falsch Zeugniß giebt, der heißt
und

und bleibt ein Schurke in Ewigkeit, wenn er gleich in Loretto gebeichtet, und in Maria Zell den Ablaß geholt hätte.

Mit dem neunten und zehnten Geboth ist es wunderbarlich bey mir hergegangen. Meine Unterthanen durften alles begehren, Haus, Knecht, Vieh, Magd ꝛc. ꝛc., aber sie durften nichts mit Gewalt nehmen, außer zuweilen etwas von den Letzteren. Ich selbst begehrte Schlesien, und erhielts; ich begehrte Polnisch-Preußen, und erhielts. Ich hätte noch weit mehr begehrt um mich (nach dem jetzigen Modeausdruck der Monarchen zu sprechen) zu arondiren. Auf einmal aber fing Maria Theresia, Elisabeth, August, Ludwig, Gustav, und weiß Gott nicht wer alle auf einmal an, meine Provinzen zu begehren. Dieses hielt mich in meinem Begehren zurück.... Ich ließ ihnen von allen meinen Kanzeln das neunte und zehnte Geboth vorpredigen. Ich drohte mit Moßs Fluch, mit den Stücken seiner am Sinai zerbrochenen Tafeln: nichts half; sie blieben ver-

stockte

stockte Sünder, begnügten sich auch nicht am begehren, sondern fiengen wirklich an zu nehmen... und verspotteten die heiligen zehn Gebote Gottes. Hier suchte ich nicht Zuflucht bey Mose und den Propheten; die Erde wollte sich auch nicht aufthun und sie als Uebertreter des zehnten Gebotes verschlingen. Ich grif also zur Eigenmacht und Nothwehre. Meine Kanonen wurden die donnernde Stimme des ergrimmten Zebaoth. Ich war der Ausleger dieser Worte. Meine 200,000 Priester in blauen und weißen Röcken mit feuerspeyenden Wanderstäben in der Hand, demonstrirten a posteriori die Grundsätze meiner Rechte, und ich erhielt alles was ich ehemahls begehrt, auch genommen hatte; sie hingegen hatten viel begehrt, und erhielten nichts: vermuthlich weil der Gesetzgeber der zehn Gebote ihren Verstand verfinstert und ihre Augen geblendet hatte, um das nicht zu sehen und zu nehmen, was sie sehen und nehmen konnten. Vielleicht hatte auch der Herr der Heerscharen vor meine

Grena-

Grenadiere zuweilen die Horniſſe hergeſandt, oder es ſo gemacht, wie meiſtens in der jüdiſchen Geſchichte alle Bataillen entſchieden wurden,... wo es in der Erzählung des heiligen Geiſtes ihres Geſchichtſchreibers heißt: und der Herr gab, daß ſie mit Blindheit geſchlagen wurden, und des einen Schwerd wider des andern war; und ſie erwürgten ſich alle ſelbſt, das keiner entrann.

Genug alſo von der Art, wie die zehn Gebothe von mir benutzt und verehrt wurden; Ich gab noch eins hinzu:

Du ſollſt nicht raiſonniren.

Moſes ſagte: ihr ſollt nicht murren... und das war das wirkſamſte von allen Geboten, welches ich auch meinem Volke als den erſten Glaubensartikel einprägen ließ.

P. Jetzt hab ich Gottlob genug gehört, und bin wenigſtens ſehr überzeugt, daß E. M. kein Freygeiſt ſind, weil Sie ja alle zehn Gebote Gottes noch ſo fertig im Kopfe haben, als wenn Sie erſt heute aus der Catechismusſchule gelaufen wären. Nun gut, ſehr

sehr gut. Ich hätte zwar viel einzuwenden, Wir Seraphinen sind aber sehr nachsichtig bey menschlichen Schwachheiten, und wenn unsre Beichtkinder nur die Gebote der Kirche halten, dann fragen wir wenig nach dem Mosaischen Tafelgesetze. Was halter denn E. M. von unsern heiligen Kirchengeboten?

K. Schwatz er mir nichts von diesen Gaukeleyen vor, Herr Pater. Ich glaube daß eben diese Rom reich gemacht haben, und den Mönchenschwarm hervorbrachten. Denn weil Jedermann Messe hören und beichten muß, so ist eine Priester-Armee nothwendig, um so viel Arbeit zu bestreiten. Das Fegfeuer war eine herrliche Erfindung für den päpstlichen Beutel, und für die Recrutirung seiner Legionen. Ich cedire dem Papste gerne alle Einkünfte meiner Monarchie, wenn er mir seine Fegfeuer-Casse überlassen will. Der Gedanke, welcher dieses Kirchengebot hervorbrachte, war vortreflich. Da aber meine Unterthanen meistens in die

Hölle

Hölle kommen, weil sie Ketzer sind, so wird für ihre arme Seelen auch nichts bezahlt. Für die meinige zahle ich auch keinen halben Gulden; weil ich weiß, wohin sie gehört. Ich will auch keine Seele erlösen, die in einem Bösewicht wirkte, und zu gerechter Strafe verurtheilt ist.

P. So haben E. M. bey allen Ihren groß ausgeschrienen Heldenthaten, bey allen ängstlichen Sorgen für die Erfüllung ihrer Regierungspflichten nicht einmal so viel gethan, als der allergeringste Franciscaner... Sie haben keinen Gott gemacht: keine Transsubstantiation geglaubt, keine, auch nicht eine arme Seele aus dem Fegfeuer erlöset, keine Controvers Predigten gehalten, keine Priesterweihe, sondern nur Monarchen-Crisam auf ihrem Kopfe getragen, den allein die Priesterhand zu fabriciren berechtigt ist... Wie klein wird also unfehlbar der hier so groß gewesene Friedrich in jener Welt erscheinen.... Hurtig also, meine Kutte angezogen, dann sind sie gleich ein Seraphin

im

im Himmel, und stehen im Ersten Gliede unter allen Heiligen. Sie sollen mit uns im ewigen Chor Litaneyen brüllen. Tragen Sie noch Bedenken? Der Heiligste aller Heiligen; der noch wirkliche Beichtvater unsres Heilandes Jesu Christi im Himmel; der gröste unter allen Menschenkindern; der gleiche Gewalt mit Gott, durch Gott, in Gott erhalten hat; der am jüngsten Gerichte auf einen Regenbogen spatzieren fahren wird; der allmächtige Vater Franciscus winkt und ruft sie, um sich seiner Vorbitte würdig zu machen. Gott der Vater ist sein Busenfreund; Gott der Sohn sein Miterlöser des menschlichen Geschlechts; den Heiligen Geist hat er selbst mit Weitzen und Hanfkörner gefüttert, da er noch auf Erden, in Gestalt einer Taube herumflatterte; und mit der Mutter Gottes lebt er eben so vertraulich, als ein Pater Guardian mit seiner Schwester in Christo Jesu.... Kurz gesagt, er ist alles, er vermag alles.... kann aber keine arme Seele leiden, die ohne seine Ordens-
kutte

kutte auftritt. Nur zum Werk E. M....
Wenn Sie dann auch keine Zeit haben Dero
Beichte zu vollenden und das Viaticum zu
empfangen, wenn auch Reu und Leid,
und Glaube, Liebe, Hofnung, die drey
geistlichen Tugenden, ausbleiben, so können
Sie doch durch mich selig werden. Ich
merke, Ihre Augen brechen... O weh!...
Empfangen Sie hiermit den letzten Chry-
sam....

Nun schmierte Pavian dem Könige
Salz und stinkend Oehl in den Mund, be-
sprützte ihn mit Weihwasser.... und der
sterbende Monarch gab ihm eine Ohrfeige.

P. Gottlob! nun hab ich gute Hofnung, rief Pater Pavian. Nun hat Dero
sündige Hand doch meine Priesterweihe berührt. Sie ruht noch auf meinem Buß-
gürtel. Folglich bewilligen E. M. tacite die
Einkleidung, und nun ist Satan schon in
der Flucht und kann der Seele nicht mehr
schaden, die unter dem Schatten meiner
Kutte im Seraphinen=Glanze zum Himmel

C fahren

fahren muß. Attigit et sufficit pro sanctitato Ich geb das Zeugniß.

Was glauben E. M. denn, als mein nunmehr so gut als wirklich eingekleideter seraphischer Bruder, von Himmel und Hölle? Gewiß nichts anders, als was Voltaire, Pope, Metrie und alle verfluchte Freygeister ihrer Art von derselben glaubten. Es scheint mir auch, daß der verfluchte Erzfeind unsres heiligen Ordens, der unselige Trenck, auch nichts anders davon glaubt, als was Moses und die Propheten davon lehrten und glaubten. Wahr ists, daß diese guten Leute wirklich vergessen haben, im alten Testamente von dieser Kleinigkeit Erwähnung zu machen. Es thut aber nichts zur Sache, wir dürfen ja nur glauben, daß Himmel, Hölle und Fegfeuer erst etliche tausend Jahre nach Abram, Moses und Israel geschaffen wurden, so haben alle Scrupel ein Ende....

R. Was schwatzt er mir da vor albern Zeug vor, Pater! Warum nennt er mir denn den Trenck auch unter die großen Männer,

ner, den ich seit 40 Jahren niemals wollte nennen hören, weil ich wußte, daß ich ihm viel Unrecht gethan hatte. Wir Monarchen müſſen nie widerrufen, was wir einmal entſchieden haben. Ich mögte dieſen Menſchen nie in der Ewigkeit begegnen, um Vorwürfe zu hören. Und noch würde es mich verdrießen, wenn er durch mich die Märtyrer-Krone verdient hätte, und neben mir auf einem weißen Schimmel vor dem Throne des Lammes herumgaloppiren wollte. Der verfluchte Kerl war auch ein guter Reuter. Er diente bey meiner Garde du Corps mit Ehren. Ich wollte aber lieber, daß ihn der Teufel reuten mögte, als daß ich ihn mit Sieges——en gekrönt im Himmel Harfen ſpielen ſehe, wenn ich wol gar mit meiner Flöte dazu ſecundiren müßte. Ich bleibe auch noch nach dem Tode unverſöhnlich.... Der Menſch muß nie unter meine Augen kommen, nie ſein Name genannt werden, wo ich bin.

P. Und warum ein solcher versteinerter Haß. Das ist ja nicht christlich.

R. Mein Haß ist aber Majestätisch, folglich ewig unauslöschlich. Die wahre Ursache bleibt ein ewiges Geheimniß. Ich will sie nicht sagen, und er denkt zu edel, um sie jemand bekannt zu machen. Er hat keine Schandthat begangen, keine Strafe verdient, und dennoch kann ich ihm nicht verzeihen. . . .

P. O hätten ihn Ew. Majestät nur in Magdeburg verschmachten lassen, so hätte er seine vermaladeyte Feder nie gegen unsern heiligen Orden brauchen können; im Kerker wäre er als ein Tugendmartyrer gewiß selig gestorben, nun ist er a deswegen allein, weil er unsern Erzvater Franz in seinen Ordensbrüdern beleidigte, uns die Larve von dem Ohren riß, ohne Barmherzigkeit, noch dazu ewig unglücklich, also Zeitlich und Ewig verdammt, weit tiefer verdammt, als alle die Schelme die unsern Herrgott gekreuziget haben. . . doch genug hievon.

hievon. Was glauben Ew. Majestät dann von Hölle, Himmel und Fegefeuer?

K. Ich glaube, das die Hölle nach biblischem Verstande eigentlich unser Grab bedeute, wo man nicht mehr empfinden kann. Der Himmel sey auch so schön, wie ihn Johannes in seiner Offenbahrung schildert, so verlange ich doch nicht dort zu seyn, wo man mit ewigem Nichtsdenken unbeschäftigt leben soll. Meine Krone auf Erden war mir schon so beschwerlich, ob gleich mein leichter Huth sie nur vorstellte, daß ich keine hundertpfündige goldne im Himmel zu tragen verlange. Weisse Pferde hab ich auf Erden nie geritten, und im Himmel will ich auf keiner weissen Schindmähre paradiren; wo mein Fuchs nicht ist, den ich bey Molwiz ritt, da will ich auch gar nicht reiten. Und Heyden mit eisernen Peitschen prügeln, wäre auch keine Glückseligkeit für mich, ich prügelte selten selbst auf Erden, hiezu hatte ich Corporale und Schergen. Und was wäre das für eine Vergnügungsart, für eine trau-

rige

rige Gesellschaft, lieber Pater, wenn ich in Ewigkeit mit lauter stinkenden Seraphinen Dero Gattung umgehen sollte, die niemals groß denken, noch edel handeln und vernünftig sprechen gelernt haben, bey denen grobe Unwissenheit die Lieblingsbeschäftigung ist... Gott behüte mich vor solchen Himmel... In den Elisäischen-Feldern wollte ich lieber mit alten Helden und Weltweisen des Heidenthums leben, als mit allen christlichen Heiligen, von der Langenweile im ewiges Nichtsdenken gefoltert werde.

P. O weh! so ist dann nichts denken, nichts thun, eine so große Plage. Mir dünkt Ew. Majestät irren sich sehr. Wie gerne schlafen Sie ruhig! Sie werden aber durch Träume geschreckt, und durch Ihre Arbeitsamkeit aufgemuntert. Wir Seraphinen hingegen, wir privilligirte Müssiggänger Gottes des Allmächtigen, wir schlafen in Ewigkeit, ohne jemals zu denken, noch zu träumen. Welch ein Glük kann wohl größer seyn? nicht wahr, Herr König? es ist ja

ein

ein weit größeres Vergnügen, wenn man sich von seinem Pferde recht bequem kann bewegen lassen, als wenn man im tiefen Sande oder Sumpfe zu Fuße mühsam gehen muß. Besser also, andre für sich denken lassen, und glauben, daß wir alle zur Bequemlichkeit des Nichtdenkens geschaffen sind, als durch Arbeitsamkeit klüger oder berühmt zu werden bestreben. Haben Ew. Majestät wohl jemals einen Franciskaner am Pflugscharren, oder in Dero Staats-Cabinet arbeiten gesehen? Wir predigen auch zuweilen, aber wir dürfen eben nicht auf die Predigt studiren; wir erzählen dem Volke Mirakel und etwas aus der Legende der Heiligen, das heißt Gotteswort: und deutlich dürfen wir just nicht sprechen, man glaubt uns alles, auch was wir lügen. Unsre schwereste Arbeit ist das Chorsingen in der Nacht, aber wir sind es schon so gewohnt, daß wir auch in Himmel singen werden, ohne zu wissen, daß, noch was wir singen. Desto fleißiger wird die Gurgel befeuchtet. Omnia in in majorem Dei gloriam et St. Francisci. Alles, alles zur Ehre Gottes und des heiligen Franciskus. Wir haben das beschwerliche Amt der Seelenforge, deßhalb lesen wir täglich unsre heilige Messe; aber so unbequem auch diese Verrichtung, wegen des vielen Kniebeugens und der heiligen Maskerade ist, so dient sie uns doch nicht allein zum Zeitvertreibe, sondern auch, um in wenig Minuten einen halben Gulden zu gewinnen; und mit der Verwandlung sind wir weit geschwinder fertig, als der Becker, der die Gestalten gebacken hat. Uebrigens befinden wir uns auf Erden recht wohl, in unsern zwar rauhen, aber uns sehr bequemen und bereits gewöhnten heiligen Kutten, der Bekehrungsgeist treibt uns zuweilen umher: aber die Matronen, denen wir die Affiliationen, nebst denen Lucaszetteln, Amuletten und Ablaßreliquien zutragen, wissen uns ad modum bene zu laben, zu erquicken... Glauben Ew. Majestät nur sicher, eine Kutte des heiligen Franciskus ist ehrwürdiger, macht

macht auch glücklicher, ruhiger und seliger als ein Purpurkleid auf dem Thron. Wohl dem, der einmal darinnen steckt... Er ist auf ewig gepanzert, wie eine Schildkröte; die Welt ehrt, und der Teufel fürchtet ihn, er aber sitzt in seinen Schalen, wie Diogenes im Fasse, bleckt die Zähne, frißt, säuft, buhlt nach Belieben, und flattert endlich mit samt dem Schilde, das ihn deckt, schnur gerade im Himmel hinauf, wo ihm noch dazu große Flügel wachsen, und der bekuttete Seraphin stante pede, im ewigen Choral Litaneyen röchelt. Auch zu dieser höchsten Ehrenstaffel können sich Ew. Majestät schwingen, wenn Sie nur wollen; nur die Kutte umgeleget.

K. Wie würden meine Grenadiere über eine solche Verwandelung lachen, wenn sie ihren großen Friedrich, in einer ganz neuen Maskerade erblickten. Wenn nun ihre Kleidung allein so viel vermag, so sind ja die Läuse, welche in derselben generirt werden, leben und sterben, gewiß auch selige Läuse.

P. Gewiß unendlich glücklicher, als alle andre Läuse. Wir schlagen keine todt; sie vermehren sich nach Belieben, schmausen lebenslänglich in unserm fetten heiligen Schweiße; genießen Ruhe in warmen Wohnungen, denken eben so wenig als wir; und da die Kutte mit uns reiset, so werden sie auch ohnfehlbar unter allen Läusen, die mit uns verklährten Läuse.

A. Glückselige Geschöpfe! ihr seyd ohne Messias glücklich geworden. Aber lieber Pater, nun auf das vorige zu kommen.... Wozu bedurfte dann der Allmächtige eine so buntfarbigte Gesellschaft von Heiligen? warum wählte er nicht lieber die großen Geister des Heidenthums, die tugendsamen ehrlichen Männer, die guten Regenten zu seinem Zeitvertreibe? Liebt er vielleicht selbst den Müßigang, oder die Bekehrungsseuche, daß Franciskus, Loyola und der barbarische

barische Dominikus, seine besten Freunde geworden sind?

P. Dem allmächtigen Gott gefiel es von Ewigkeit her, nicht nach dem Geschmak Ew. Majestät zu regieren. Ew. Majestät waren nur Mensch, den die Leidenschaft der Ruhm und Herrschsucht herumpeitschten. Sie wollten ohne Minister regieren, und konnten doch die Armee, nicht ohne Generale und Adjudanten commandiren; Gottes Kriegsheer gegen die Teufel, führte der Erzengel Michael; er selbst blieb ruhig zu Hause. Er hat die Gewalt, sich die Regierungbürde zu erleichtern; Bequemlichkeit ist das höchste Gut, warum sollte er sich diese nicht selbst verschaffen? Deßhalb schuf er sich die Patriarchen und Heiligen, welche seine Lieblinge, Minister und Generale sind; durch diese regiert er die Welt. Und seine liebreiche Frau Mama, empfängt ihre Rapporte wieder von den heiligen Jungfrauen, wobey Maria Magdalena, Theresia und Gertrudis, die erste Rolle spielen. Und diese trägt nur das nach-

be-

Belieben vor, was seine göttliche Majestät
keinen Eifer, noch Zorn und Rachsucht ver-
ursachen kann. Man weiß aus dem alten
Testamente, wie jähzornig und grausam
er zuweilen an Kindeskindern strafte Seit-
dem ist der gute Mann älter geworden; seine
Leidenschaften sind noch aufbrausender als
jemals, weil es ihm wirklich schon öfters
reuete, daß er die Menschen gemacht hat.
Eben deßhalb erhält man ihn immer mehr
in seiner Ruhe, und bringt ihm nicht alles
vor, was auf Erden vorgeht. Ew. Majestät müssen gewiß einen gutherzigen Schutz-
engel gehabt haben, der nicht alles rappor-
tirte, was er sahe; der kein Fuchsschwän-
zer bey seinem Abendrapporte war, nur alles
zum besten anwandte, sonst wären gewiß
längst etliche Legionen Teufel nach Potsdam
kommandirt worden, um Sie nebst Ihrer
ganzen Ketzerarmee in die Hölle zu stürzen.
Er sahe aber von Ewigkeit her, noch eh Ew.
Majestät geboren wurden, daß ich heute den
17ten August 1786 durch Zulassung Gottes

und

und Vorbitte des heiligen Franciskus, bey dem Todtenbette auftreten und Sie noch selig machen würde. Jetzt befehlen Sie nur auf diesem Todtenbette, daß alle Ihre Unterthanen gleichfals das Glaubensbekenntniß ablegen, und zum allein seligmachenden Glauben sich bekehren sollen. Machen Sie mich zum Pater Inquisitor; errichten Sie ein heiliges Tribunal, in Sans-Soucy, wir wollen gewiß Sans-Soucy drein würgen, brennen, foltern und metzeln, bis entweder das Land entvölkert, oder der ganze Haufen katholisch ist. Es mag über bleiben was da will, und wenn auch nur 10 Preußen selig, und 3 Brandenburger, oder Pommern in Rom heilig gesprochen werden, so haben Sie mehr gethan, als wenn Sie die ganze Welt erobert und eine Bevölkerung von 30 Millionen Menschen zuwege gebracht hätten, die alle zum Teufel fahren müssen, weil sie als Ketzer sturben.

K. Edel gedacht, Herr Pater! sie sind ein wahres Werkzeug der römischen Politik:

Pater Bernhard konnte nicht besser an der Spitze seines Creutzzuges argumentiren. Aber warum wenden Sie sich nicht lieber an den Kaiser Joseph, der ihre Klöster verstöret, und die Seraphinen in brauchbare Staatsbürger verwandeln will?

P. Weit gefehlt! der Kaiser thut uns kein Leid: vielmehr alles was Rom will, und wir längst gewünscht haben. Es ist wahr, er hat uns einige Klöster genommen, aber im wesentlichen Verstande, haben wir hierdurch nichts verloren, sondern vielmehr gewonnen. Denn

1. Betrachtet uns das Volk gegenwärtig und verehrt uns als Märtyrer. Der Kayser hat uns nie gefüttert; sein Volk versorgte unsre Küche und Gurgel, und dieses denkt und handelt noch eben so wie zuvor, wir wissen die Leute schon nach unsern Absichten zu lenken, und haben nichts verloren.

2. Unsre Mönche aus den aufgehobenen Klöstern, sind auch weit glücklicher als sie waren. Sie leben und schmausen jetzt mit

ohn-

ohngebundenen Willen. Der Kaiser gibt einem jeden 300 fl. jährlich zu verzehren; rechnen sie hierzu den täglichen halben Gulden, für die Messen und alle Nebenaccidentien, inclusive der heimlichen Testaments-Donationen, und Geschenken von frommen Matronen oder bösartigen Hofräthen, die wir mit Abläßen im Kappzaume zu leiten wissen, so ist ein jetzt Klosterfreyer Franciskaner in Oestreich, gewiß glücklicher, auch reicher und mächtiger, als er in seinem Kloster war.

3. Der Monarch, um hin und wieder unsre Pension zu ersparen, giebt uns nunmehro reiche, einträgliche Pfarrenstellen und braucht uns auf dem Lande, als Prediger und Vicarien; könnten wir mehr zu unsern Vortheil wünschen?

Die östreichschen Pfarrer haben ja jetzt unumschränkte Gewalt vom Kaiser, über ihre anvertrauten Schafe und Schöpfe. Das Volk jauchzt, wo es einen Märtyrer zum Pfarrer erhält. Seine Einkünfte stei-

gen

gen mit seiner Gewalt; folglich hat ein solcher Mann weit mehr Gelegenheit, unsre Ordens- und Klostergrundsätze auszubreiten, als ehmals 50 eingesperrte Mönche zu thun Gelegenheit hatten. Muß er zuweilen auch einer Kayserlichen Verordnung wegen Verminderung des sogenannten Aberglaubens auf kreisämtlichen Befehl öffentlich ablesen, dann geschieht es doch in solchem Tone, daß jedermann die Achsel zuckt, und über Ketzerey seufzet, und der Priester weiß ja, daß die Kreishauptleute selbst gut christkatholisch und seine Beichtkinder sind... Im Beichtstuhle spricht der Pater Pfarrer schon ganz anders, als auf der Kanzel. Hier heißt es heimlich: Seht, Kinder! der jüngste Tag ist nahe. Der Kaiser ist der Antichrist, er will euch alle zu Lutheraner machen; ihr seyd Gott und der heiligen Kirche mehr schuldig als dem zeitlichen Regenten; denkt an euer Seelen Heil! ihr wißt, was ihr zu thun habt, ꝛc. ꝛc. Wird auch einer unsrer Ordensbrüder nur irgendwo Vicarius, dann

ist

ist der Pfarrer, der nur ein Weltpriester ist, bald aus der Achtung seiner Gemeine verdrängt. Seine Einkünfte mindern sich, und der Vicarius wird reicher auch ehrwürdiger. Er bleibt bey seiner Kloster-Manipulation: sået überall Zwietracht aus: schildert im Beichtstuhle den Pfarrer wegen heimlichen Lutherthums verdächtig, und fischt im Trüben. Ueber des Pfarrers Köchin oder Jungfer Muhme erregt er Aufmerksamkeit, oder weiß sie besser zu bedienen, als der Pfarrer, und dann ist Keller und Küche Franciskaner-Magazin.

Wir sind also in den Oestreichischen Staaten lange nicht so verworfen und unglücklich, als die Zeitungen erzählen. Wahrscheinlichkeit ist nicht Wahrheit. Uebrigens glaubt der Oestreicher noch eben das, was er vor 100 Jahren glaubte, und wird es noch so lange glauben, als Beichtstühle im Lande, und arme Seelen im Fegfeuer, auch am Staatsruder, über bleiben. Unsre Bischöfe werden schon alles bey dem Alten zu erhalten wissen, und die Rekrutirung geht noch, wie allezeit, fort, theils connivendo, theils mit allerhöchster Specialerlaubniß. Ich weiß auch ganz überzeugend, daß unser Kaiser Gottlob noch kein Lutheraner ist. Er braucht uns in seinem Staatsentwurfe; Er glaubt, was die heilige Kirche zu glauben befiehlt; und Christus, der Weltheiland, hat unsern heiligen Ordensstifter versichert, daß uns auch die Pforten der Höllen nicht überwältigen, und daß bis an das Ende der Welt, Franciskaner im vollen Glanze überbleiben sollen.

K. Glück zu der Welt, Herr Pater! so lange sie dergleichen Führer Ihrer Art zu hoffen hat. Hätten Sie nur mehr Gewalt, dann wären alle Weltweisen oder sogenannte Freygeister längst ihrer Irrthümer überführt oder lebendig gebraten, und die Erde wäre mit Seraphinen, wie Egypten mit Heuschrecken, bedeckt. Halten Sie sich nur nicht lange in meinen ungläubigen Staaten auf; hier bedarf ein jeder Arbeiter sein Brod selbst, und

und die Heuschreckenbrut wird in Zeiten sorgfältig vertilgt.

P. Ew. Maj. sticheln auch noch im Todeskampfe gegen die größten Wohlthäter des menschlichen Geschlechts, die auch Ihre Unterthanen zum Nichtsdenken, Nichtslernen, auch Nichtsthun, folglich zum höchsten irdischen Gute anleiten und privilegiren mögten. Sie werden aber schon nach dem Tode sehen, was ein Franciskaner ist, und wozu uns Gott auserwählet hatte. Nur jetzt zur Bekehrung geschritten! noch ist es Zeit. Ehe wir aber zur Generalabsolution schreiten, muß ich noch fragen: Was glauben Ew. M. von der Unsterblichkeit der Seele?

K. Ich glaube, daß ich jetzt noch einen Körper habe, weil ich noch wirklich empfinde, daß ich lebe, da mein Ohr noch Ihr Geschwätz anhören konnte, lieber Pater; da mein Auge Ihre vermummte Gestalt vor mich siehet, die auf der Retina wirklich gemahlet steht, und Sie den übrigen Nervenspiegeln reverberirt. Ich rieche auch noch, daß Sie wirklich stinken, und meine gegenwärtige Ausdünstungen können auch nicht mehr wohlriechend seyn, weil die Natur bey mir gegen ihre Zerstöhrung kämpft. Ich kann auch wirklich noch greifen, daß ein Körper meiner Art vor mir sitzt, bin aber überzeugt, daß unsre beyderseitigen Seelen aus ganz verschiedenem Stoffe zusammengesetzt sind, oder einen verschiedenen Wirkungskreis gefunden haben, oder von ganz andrer Eigenschaft und Natur bestehen müssen; denn aus Ihrer Sprache, aus der Art Ihres Vortrages würde ich schließen, daß des Bileams Lehrmeister wirklich mit mir, wie ehemals mit den Engeln sprach. Dieses sehe ich, dieses weiß ich auch wirklich noch, daß ichs sehe, auch warum ichs sehe. Wenn aber nach wenig Augenblicken der Umlauf meines Blutes stocken, der Lungenblasebalg stehen bleibt, und mein Herz seine Bewegung verloren hat: wenn alle Theile körperlicher Elemente werden getrennet, aufgelöset, und mit den Dünsten andrer faulender Körper vermischt seyn:

wenn

wenn der Leib, der heute noch Friedrich heißt, nicht mehr da ist, und alle meine Saftgefäße, die meine Sinnen und denkenden Kräfte zusammenfügten, zu Bildung neuer Körper herumirren: wie, werd ich dann wol noch wissen können, daß ich Friedrich, König von Preussen, war? Wuste sich mein Gedächtniß wohl zu erinnern, was ich war, ehe ich als Wurm im Mutterleibe gepflanzt wurde, und die in dem Magen meiner Mutter verdauten Speisen oder Nahrungsmittel diesen Wurm bis zur menschlichen Gestalt zubereiteten, oder anwachsen machten? Gewiß nicht. Eben so wenig wird sich das Ding, welches wir Seele heißen, noch zu erinnern wissen, daß sie Friedrichs Leib bewohnte, wenn dieser Leib ihr durch seine Empfindungsröhren seine sinnlichen Begriffe nicht mehr mittheilen kann. Das, was also in mir unsterblich seyn könnte, kann ohne Mitwirkung des Gliederbaues ja nichts anders, als ein Unding seyn; und falls es noch nach mir leben könnte, so wüßte doch dieser

D 3   Frie-

Friedrich nichts mehr davon, deſſen ganze Maſchiene heute ihre Bewegung endigen wird, und nicht mehr von eben denen Theilen zuſammengeſetzt werden kann... Kurz geſagt, Herr Seraphin! ich fand nach genauer phyſiſcher, auch denkender Prüfung, ſogar aus allen Glaubensbüchern, auch nicht die mindeſte vernünftige Urſache, warum ich etwas unſterbliches in mir vermuthen konnte. Ich habe a priori geforſcht, und a poſteriori geſchloſſen: aber auch nicht Eine Bewegurſache gefunden, um mir eine Unſterblichkeit zu denken.

Da mir nun alle Gelehrte der Erden gar keine Beweiſe für das Daſeyn einer Unſterblichkeit führen konnten. Die meinigen hingegen, gegen dieſelbe, jeder Anatomicus erweiſen kann: Da ich auch ſogar in dem geiſtlichen Religionsbuche, in der Bibel ſelbſt, nicht den mindeſten Ausdruck finde, welcher zeigen könnte, daß Moſes und alle Propheten, auch das auserwählte Volk Gottes, die elenden Juden, das mindeſte

von

von der Seele Unsterblichkeit glaubten, weil es ihnen gar nicht gelehrt wurde. Da der Gott Zebaoth selbst vergessen hatte, in der Stiftung seiner Lieblings-Religion etwas von den Seelen nach dem Tode zu erwähnen; so muß es ihm auch ganz gleichgültig seyn, was seine in Kenntnissen eingeschränkten Geschöpfe hiervon denken; es muß ihm auch nichts daran gelegen seyn, was der Mensch glaubt, wenn er nur recht handelt, denn sonst hätte er uns nie der Gefahr unterworfen, von Menschen oder Priestern aller Gattung nach ihrem Willkühr und Eigennutz gelenkt und betrogen zu werden. Der heilige Geist hätte auch keine dunkle oder geradezu widersprechende Stellen geschrieben, sonst wäre er ja selbst an Verwirrung, Undeutlichkeit, Unglauben und Mißtrauen Schuld. Erweiset wohl die Bibel mehr als der Talmud, oder dieser mehr als der Alcoran? Alle streiten gegen gesunde Vernunft; alle verrathen dummdreiste oder fabelhafte Geschichtschreiber. Solons und

Lycurgens Gesetze waren gewiß vollkommner und schienen dem göttlichen Ursprunge ähnlicher, als Mosens lächerliche Opfergesetze, und Abrahams, Josuens und Davids Kriegsgeschichte, die man nicht ohne Lachen lesen kann. Denn damals mußten die Könige, wie die Schwämme aus der Erde wachsen, um 20 in einem Tage zu fangen und aufzuhängen. Orientalische Mährchen machten niemals Eindruck auf meine Begriffe. Ich habe prüfen gelernt, und fand überall Pfaffen-Arglist in heiliger Gauckeley verwebt. Der Pöbel glaube, was jede Staatsklugheit ihm zu glauben vorlegt. Hierzu braucht man Priester, aber keine Mönche, sonst steigt der Aberglaube bis zur Raserey. Ich war König; ich bins noch, und will als König sterben, der sich selbst seine Einsichten erarbeitet hat....

P. Um Gottes und des heiligen Franciscus Willen! Solchen halsstarrigen und auf so viel Wahrscheinlichkeit und Beredsamkeit gestützten Unglauben hab ich noch in

Israel

Israel nicht gefunden. Gott behüte mich, solchen Sätzen nachzugrübeln; ich würde unsinnig, oder hörte wohl gar auf, ein Franciscaner zu seyn. Bey Gott! E. M. sind ja ein wirklicher Materialist, ein Freygeist, ein Atheist, ein Zweifler, ein Epicurer, ja wohl gar ein Lutheraner! O weh! der Höllen Rachen brüllt schon, um Sie zu verschlingen.... Geschwinde in meine Kutte gekrochen! sonst ist alles auf ewig verloren.... Fühlen Sie denn keine Todesangst?....

K. Schurken und Bösewichte, Dummköpfe und Andächtler zittern allein vor dem Tode; ich habe mich mit ihm bekannt gemacht. Ich weiß, daß ich durch ihn nichts, als meiner Sorgen Last, meiner Leidenschaften Unruhe verlieren kann. Jenseits des Grabes läuft mein Gesichtskreis nicht. Meine besten Ingenieurs fanden dort kein point de vûe, und meine Brille und Telescopen sahen auch nicht weiter. Ich sterbe demnach ohne alle Furcht, so wie der Weise sterben soll.

P.

F. So glauben E. M. auch gewiß nichts von der Auferstehung der Todten?

A. Ich habe noch keinen Auferstandenen gesprochen; ich wünsche den Todten vielmehr das ewige requiescant in pace. Ihre Seelen sind ja ohnedem längst an Stelle und Ort; und dieselben Leiber, die sie ehemals hatten, deren Theile bereits in andere Körper circuliren, oder Bestandtheile von andern ausmachten, die gleichfalls ganz auferstehen wollen... eben dieselben können unmöglich mehr aufstehen noch zusammengefügt werden.

Es wäre auch eine ganz unnütze Arbeit, wenn Gott neue, denen alten ähnliche Leiber erschaffen wollte, um sie in Ewigkeit zu martern. Der Leib konnte nie sündigen, weil seine Leidenschaften von der Art seiner Säfte abhiengen, die seine Bestandtheile unterhielten. Die Seele aber als Seele, hat noch weniger Antheil daran, wo etwa der Leib durch Auswurf seiner Excremente gegen das sechste Geboth, oder wo der Mangel an

Bedürfnissen, ihn wider das siebente Geboth zu sündigen nöthigte; und überhaupt taugt ja kein von elementarischen Theilen zusammengesetzter Leib, für die Ewigkeit;... und wird er verklährt, dann ist er ja nicht mehr ein leidender, oder willkührlich zu bewegender Leib, nicht mehr Fridrichs Leib, der heute vielleicht noch auf dem Todtenbette gerne sündigen möchte, wenn seine Muskeln noch zu reitzenden Leidenschaften fähig wären.

Ueberhaupt, Herr Pater, glaub ich aber doch die Auferstehung so wie sie. Der Todte hält aber keine Zeitrechnung. Folglich, wenn wir schon Billionen Jahre im Grabe auf die Posaunen gewartet haben, und noch Millionen Sekula vergebens warten, ohne zu wissen, daß wir etwas erwarten: dann wird keiner von uns über lange Weile klagen, oder wider den ausbleibenden Posauner murren. Wer eine viertel Stunde todt ist, der ist eben so todt, als der von Anbeginn der Welt in Mutterleibe starb. Das Warten ist demnach gewiß niemanden beschwerlich,

lich, folglich können wir sicher ohne Reue die Auferstehung glauben. Uebrigens würde mir eine zahlreiche Gesellschaft bey der Auferstehung begegnen, die ich um dreißig oder vierzig Jahre früher zum Grabe beförderte, als sie dem gewöhnlichen Laufe der Natur gemäß dasselbe erreicht hätten. Es wird jetzt aber keiner deshalb auf mich böse seyn. Ueber hundert Jahre ist es einem jeden gleichgültig, wie lange er jetzt gelebt hat. Ich habe ihnen vielmehr gute Dienste geleistet, weil sie durch mich des Alters Schwächen, Gicht, Steinschmerzen, Wassersucht und Miserere ausgewichen sind, und weniger Uebel empfunden haben. Meine ersten Soldaten, die ich bey Molwitz begrub, wären jetzt alle alte Invaliden. Jetzt haben sie um 46 Jahre länger auf die Auferstehung gewartet, als ich, der heute erst sterben soll. Dann warten wir in die Wette in Ewigkeit, ohne zu wissen, daß wir warten, und werden auch den nie einen Träumer heißen, welcher uns den Posaunenschall jenseits des Grabes noch zu hören versprach. P.

P. Wie wunderbarlich raisonniren Ew. M. noch im letzten Augenblicke. Ich bin bereits seit vierzig Jahren Guardian, und habe in meinem ganzen Leben nicht so viel gedacht, nicht so viel Ideen gegen einander gehalten noch verbunden... Mein Gott! was ist doch der elende Weltmensch so gar auf dem Throne, im Verhältniße gegen den mindesten seraphischen Ordensbruder? Wohin verleitet uns nicht das verfluchte Forschen und Nachgrübeln. Elender Verstand! wohin kannst du den Vorwitzigen nicht führen! Seliger Vater Franciscus! was ist dir Dein heiliger Orden nicht für Dank für die Wohlthat schuldig, da du uns den Gebrauch des Verstandes als eine Todsünde verboten hast! Bin ich nicht tausendmal glücklicher, als dieser so groß gepriesene Monarch war, da die Erde noch vor seiner Macht zitterte, und seine Arglist die klügsten Köpfe hinter das Licht zu führen wußte. Nur das Licht des Glaubens fehlte ihm, dieses verfinstert alle seine Handlungen, und

macht

macht ihr ewig unglücklich. Wir seraphische Brüder hingegen, sind auf Erden mächtiger, als kein Monarch, weil wir auch Königen den Himmel öffnen und zuschließen können. Wir leben ohne Sorgen, ohne ängstliche Arbeit, und hoffen nicht nur allein, sondern wir sind versichert, daß wir nach dem Tode noch unsre Kutte mitnehmen, und durch dieselbe Seraphinen werden.

Erkennen Ew. M. diese Wahrheiten noch nicht? Glauben sie denn eigensinnig und absolute gar nichts? Glauben sie auch nicht an die Vorbitte der 11000 heiligen Jungfrauen aus Cölln, die von 11000 Mönchen, von jungen, eingefleischten Seraphinen begleitet, gemeinschaftlich eine Walfahrt nach Rom machten, und alle 11000 als reine Jungfrauen nach Cölln zurück kamen; auch daß sie alle, wunderbarer Weise, vor der Geburth, in Kindesnöthen selbst, auch nach der Geburth, dennoch alle als reine Jungfrauen gemartert starben, auch da noch Jungfrauen blieben; da sie von denen römischen Legionen genothzüchtigt wurden?   K.

K. Das war wohl wirklich das größte Wunder, welches jemals auf Erden gesehen wurde. Ein größer Wunder noch als die Menschwerdung ohne Beyschlaf war! ... Aber bey Gott ist alles möglich. ...

P. Bey Gott ist alles möglich, Monarch! Ja, ich wiederhole ihre eigenen Worte! ... Sie haben sich nunmehro bey mir eingestellt, recht schön eingestellet, Glaubensbekenntniß abgelegt, auch schon gebeichtet. ... Gottlob! nun habe ich ihre schöne Seele gerettet. Das war ein Meisterstück! Das konnte allein die Vorbitte und Allmacht des Seraphinenvaters zu Wege bringen! Aus vielem Uebel, das sie in der Welt verursachten, ist nun auch das Gute ihrer schönen Bekehrung geflossen. Nun werden auch alle Preußen katholisch werden, und unsere Kaputzen, anstatt der Grenadiermützen auf den Kopf setzen, sobald sie hören, daß ihr geliebter König als Franciskaner starb. Nun zum Werke! ... Das Viaticum und meine Kutte, dann sind wir fertig, und zur Himmelsmelsreife gewafnet und verpanzert... Nur muthig!... Abſolvo te in nomine Patris, Filii, St. Francisci et Spiritu Sancti, Amen...

In eben dem Augenblicke rückte der Tod heran. Der König ſahe den Dumkopf mit ſtarrenden, aber zugleich Schrecken verbreitenden Augen an, und gerieth in Convulſionen... Der Pfaf ſchrie im Enthuſiaſmus raſend laut auf: er iſt bekehrt! wahrhaftig, er iſt ſeelig! wahrhaftig, der Himmel ſteht ihm offen!... Sancte Francisce Ora. pro nobis... Er fieng ſchon an ſein ex profundis zu brüllen, und ſteckte des ſterbenden Königs Hand in ſeiner Kutte, mit den Worten: partem ſumo pro toto. Ich nehme den Theil anſtatt des Ganzen.

Der König ſtarb wirklich... In eben dem Augenblicke eilte aber ein Leiblakay herbey, erblickte den Pfaffen, der eben Weyhwaſſer über den König ſprengte, ergriff ihn bey dem Flügel, gab ihm einen Fuß in den Hintern, und warf ihn zur Thüre hinaus, wo er noch immer Litaneyen murmelte, bis ihn

ihn die Wache die Treppe hinunter prügelte, wobey er ein Stück von seiner dicken Unterlefze verlohr, und mit lästerlichen Schimpfen und Schmähen über das verfluchte, blinde Futterthum, nach Hause lief, wohin ihn die Gassenbuben, wie einen Raubbären mit Koth und Steinen begleiteten.

Hier setzte er sich nieder, wischte den Schweiß ab, betrachtete seine Sandalen, betete ein ago gratias, küßte das Bild des heiligen Franciscus und der heiligen Maria Magdalena, das erste ehrfurchtsvoll, das letzte feurig, sof sechs Maaß alten Rheinwein aus, um den heiligen Geist aufzumuntern; denn ergriff er mit Mönchswuth die Feder, und schrieb in reinem, gewöhnlichen Franciskanerdeutsch folgenden Brief an den Pater Provinzial in Wien, welcher dasselbe nebst diesem merkwürdigen letzten Gespräche des Königs, zum öffentlichen Beweise seiner Bekehrung, mir zum eilfertigen Drucke übergab,

gab, der mir deswegen vorzüglich vertrauet wurde, weil der ganze seraphische Orden mich als ihren eifrigsten Verehrer erkennet, und meiner Feder die reineste Ausbreitung ihres Ruhmes zutraut. Hier ist dieser Brief treu copirt, so wie ihn Pater Pavian geschrieben hat.

Admodum et Valde Reverende,
 in Christo erudite, Ordinis totius Seraphici Provincialis, Pater omnium mortalium Sapientissime, eruditissime et impudentissime!

Ich muß Ew. Hochehrwürden in tiefster Demuth, und (alldieweilen ich nur der unwürdigste aller Seraphinen Brüder bin) auch gehorsamst berichten .. daß es dem großen Gott, und unserm übergroßen Patriarchen und Ordensstifter gefallen hat, mich zum Werkzeuge einer der größten Weltwunder gebrauchen zu thun ... ein Wunder, welches nunmehro die ganze Christkatholische Welt bewundern wird.

Ich habe den Erzketzerischen König von Preußen, zum allein seligmachenden Glauben

ben bekehrt. Attigit digitis suis habitum Seraphicum et hoc ad obtinendam beatitudinem uti docemus sufficit. Ich goß ihm noch dazu meinen ganzen Weyhbrunnkessel über das Gesicht, da er schon todt war, ergo fugite maledicti dæmones de hoc ad omnibus peccatis lavato corpore, et fugiebant omnes pessimum reliquentes odorem.

Die beyliegende umständliche ralatton überzeugt Ew. Hochwürden, auf was Art legitime er Secundum ritus ecclesiæ, dieses wichtige Bekehrungswerk vollzogen wurde.

Der sterbende war, a dœmone obsessus. Vom aller eigensinnigsten, hartnäckigsten, Teufel, den jemals unser heiliges Ordenskleid austreiben konnte. Ich habe auch exorcifiret; er sprach immer aus dem sterbenden, lauter gelehrte Sachen und Ketzereyen, die kein Guardian verstehen kann. Ew. Hochehrwürden werden aus den beyliegen-
den

den verbal proceſſe ſchon einſehen; quantum in hoc opere preſtiti, was ich vor unwiederſprechliche Beweiſe ex ore meo melliflup und aus unſrer heiligen Legende hervorſuchen mußte, um den ſogenannten gelehrten oder weiſen König Plane zu überzeugen, und ihn Weſentlich zu wiederſprechen, zu entkräften und zu zernichten. Vere controverſiam habui atrocem. Ich empfing auch zwey Maulſchellen, vere pro fide accepi duos alapas die ich mir in meinen Verdienſt prothocolle und martirologio, zu gute zu ſchreiben demütigſt bitte.

Uebrigens hat der Patient recht viel an Seele und Leib gelitten; auch dieſes iſt ein Verdienſt für ihn. Er hat ſehr wenig geglaubt, aber er hat mir viel Argumente geſagt, die ich gar in meinem Leben nicht gehört habe: aut erant blaſphemata ſatanae, oder ich lege das, was ich nicht begreifen konnte, zum Beſten des Sterbenden aus, und acceptire dieſen Unſinn, als eine gültige

Ohrenbeicht.... Post hac war weiter nichts zu thun. Er hatte den verfluchten Weltverstand, den wir Seraphinen nicht begreifen, nicht widersprechen können. Nulla vere replicendi aderat possibilitas.... Ich nahm also in der Geschwindigkeit partem pro toto. Der Monarch ließ seine Hand auf meine Kapuze fallen: ergo attigit ut dixi attigit sacrosanctum a satano invulnerabile vestimentum. Ich kann es auch wirklich mit einem Priestereide beschwören, daß er meine Backen und meine Kutte mit der Hand berührt hat: et hoc ad beatitudinem sufficit, und das ist genug zur Seligkeit. Er hat vielleicht einen guten Gedanken dabey gehabt, da er mir die Ohrfeige gab. Sein guter Geist trieb ihn an, mich auf irgend eine Art zu berühren: et hoc vere fecit, das hat er wirklich gethan, ja, das hat er vermuthlich wirklich im wahren Glauben gethan. Credat mihi admodum reverende ordinis Seraphici princeps.

Hier-

Hierauf legte er noch etwas Glaubensbekenntniß nach seiner Art ab... dann aber
ertatterte er ehe ich das Viaticum in seinen
Wanst bringen konnte. Geschwind hab ich
ihn absolvirt, et ablui illum cum indulgen-
tiis plenissimis ab omnibus peccatis cum pro-
fusione alles vorräthigen Weyhwassers. Der
Gestank war bey ihm unerträglich, den die
ausfahrenden unsaubern Geister mir vermuthlich vindicando verursachten. Denn
wahrscheinlich konnte kein König so entsetz-
lich stinken, sed omnia in majorem Dei gloriam sustuli.

Genug, nun wird die Welt doch überzeugend lesen, daß der kluge König Friedrich
einem Franciscaner nachgeben mußte, daß
er von mir seiner Irrthümer plane überzeugt
wurde, und vermuthlich heute in den Sera-
phinen-Orden im Himmel eingetreten ist.

Man muß nicht allezeit auf das hören
was der Sterbende spricht, so lang er sprě-
chen

chen und sich in controversiam einlassen kann. Alles, alles entscheidet just der letzte Lebens-Augenblick, wenn Auge und Zunge erstarrt sind; dann folgt vielleicht, wann das Herz schon erstarrt ist, noch ein guter Gedanke zuletzt, den jeder Beichtvater noch erwarten kann, wenn er so, wie ich, mit nachdrücklichen offenbaren Beweisen cum ægrotante gesprochen hat. Sintemahlen und alldieweilen ich des unmaßgeblichen Dafürhaltens bin, daß in tali casu die Beredsamkeit unsers heiligen Ordensvaters unsern Priesterverstand begeistert und überschatten thut. Argument auf Argument, Schlag auf Schlag hab ich diesen klugen König in seinen stoischen Ausflüchten überwunden, wie E. Hochwürden auß beyliegendem Wort-Protocoll höchstgelehrt erkennen und einzusehen belieben werden.

Ich glaube demnach sicher, daß er im Himmel ist, und daß er im wahren allein
seelig-

seligmachenden Glauben starb. Denn er griff, indem er verschied, an meine Kutte: ergo attigit, ut privilegio sacro sancto gaudeat! gaudeat ergo in secula seculorum! Amen. Er verdrehte dabey die Augen, als ob er bey dem heiligen Franciscus im Himmel Zuflucht suchen wollte. Beatus ille qui tali confidit sanctorum Patriarchae! Ich bemerkte wirklich Reu und Leid in seinen sterbenden Gesichtszügen, (mit den Zähnen konnte er nicht knirschen, er hatte keine mehr übrig,) folglich gab ich ihm die General-Absolution in extremis. Requiescat also in pace. Er war wohl auf Erden sehr unruhig. Dominus autem in sanctis suis potentissimus misereatur ei.

Uebrigens besaß dieser König wohl wirklich, so wie ich an ihm bemerkte, und die Geschichten von ihm erzählen, alle unsre Ordens-Tugenden in gradu perfectissimo. Er war habsüchtig, wirthschaftlich, unver-

söhnschlich, ehrgeitzig: nur allein nicht andächtig, noch unflätig und gefräßig; folglich muß er auch ohnfehlbar Antheil an unsern Verdiensten und guten Werken haben. Ich gab ihm ex potestate sacerdotali eine gute Portion aus diesem Schatze mit pro viatico auf die Reise, und hoffe, daß er selig entschlafen ist.

Auf dem Stuhle worauf er starb, fand ich eine Rolle von 100 Friedrichs'or, diese habe ich weggekapert, jure ut credo putativo et Monachali; vermuthlich war sie von ihm ad pias causas, folglich für Messen und Hochämter, für seine arme Seele bestimmt; wir müssen ja alles zum besten auslegen, ut gaudeamus. Ew. Hochehrwürden empfangen dieselbe hiebey ad dispositionem: für mich bitte ich aber um väterliche absolutionem delicti contra Ordinis statuta. Sie wird aber desto leichter im Ablaß erfolgen, weil ich sub fide pastorali schwöre, daß ich nur das

Papier,

Papier, worinn das Geld war, aber nicht das Geld selbst, mit bloſſer Haut berührt habe. Nur Schade, daß ich pro gloria et portione duplica unſern Ordensbrüdern nicht mehr habe erhaſchen können. Die Chatoulle war verſchloſſen, und ich wurde zu eilfertig von dem ketzeriſchen Leiblakeyen überraſcht und zur Thür hinaus geprügelt, wobey ich bey 2 loth Fleiſch, aus meiner herabhängenden Unterlefze verloren, und als Martirer für den wahren Glauben Blut vergoſſen habe; mein Rücken hat nicht viel gelitten, die Kutte war neu und hat mich beſchützt. Orate fratres! et agite gratias pro clementia divina, et protectione evidenti et miraculoſa Patriarchæ Sacroſancti noſtri. Jetzt wollen wir Meſſen für den König von Preuſſen leſen. Ich will qua Miſſionarius Apoſtolicus indeſſen hier heimlich, für die Bekehrung ſeiner Unterthanen operiren, miſereatur eorum Dominus, nos non miſeremus eorum, wenn es ſeiner Heiligkeit gefällt, uns mit einen

Auto

Auto da fé in Berlin zu unterſtützen, damit wir endlich auch anfangen können, unſre klöſterliche Ordenspalläſte, auch in dieſen nach Ketzerey ſtinkenden Staaten, aufzubauen.

Ich bitte Fußfälligſt mit meinen Bericht verlieb zu nehmen, und mir Dero väterlichen Provincialſegen in Gnaden zu ertheilen. Potsdam, 1786 15ten Auguſt.

Ad modum reverende, et reverendiſſime.

Meiner hochgebietenden Obrigkeit, und Provincial = Geſetzgebers, auch mächtigen Vorbitter bey unſern heiligen Ordens = Patriarchen.

Ew. Hochwürden

demüthigſter Knecht
Sebaſtianus Simbertus Pavian,
p. t. Guardianus Seraphicus, ignorantiæ ac fidei propagator, theologiæ Doctor, nec non philoſophiæ Sancti Franciſci bacalaurins et bucentaurus emeritus, Latronumque confeſſor gratioſiſſimus.